George Bell & Hugo Bouter

Die dich segnen, sind gesegnet
Bibelstudien über
die Segenssprüche Bileams

Originaltitel: *Het Vision van de Almachtige – Bijbelstudies over de zegenspreuken van Bileam*

Erste Auflage 2004
Gebundene Ausgabe 2005

Lychener Str. 7, OT Retzow
17279 Lychen
www.daniel-verlag.de

Übersetzung: Karsten S. Boerstoel
Satz: Daniel-Verlag
Umschlaggestaltung: Daniel-Verlag
Druck und Bindung: Druckservice europb

ISBN 978-3-935955-38-6

George Bell & Hugo Bouter

Die dich segnen, sind gesegnet

Bibelstudien über
die Segenssprüche Bileams

4. Mose 22 – 24

Daniel

Er erblickt keine Ungerechtigkeit in Jakob
und sieht kein Unrecht in Israel;
der HERR, *sein Gott, ist mit ihm,*
und Jubelrufe wie um einen König
sind in seiner Mitte.
(4. Mose 23,21)

Inhalt

Vorwort

Wer war Bileam? Ein Wahrsager aus Pethor in Mesopotamien, der von Balak, dem König von Moab, angeworben wurde, das Volk Israel zu verfluchen (4Mo 22,5ff.; 5Mo 23,5). Sein Name bedeutet „Verschlinger des Volkes". Als es ihm nicht gelang, das Volk Gottes zu verfluchen, gab er Balak den Rat, Israel durch geweihte Prostitution zu verderben - eine List, die beinahe Erfolg hatte (4Mo 31,16).

Wenn wir nur das Neue Testament hätten, das dreimal im negativen Sinn auf Bileam verweist, hätten wir kaum Grund, ihm Aufmerksamkeit zuzuwenden. Der Apostel Petrus warnt uns nämlich vor „dem *Weg* Bileams" (2Pet 2,15), Judas vor der Verführung oder „dem *Irrtum* Bileams" (Jud 11) und Johannes vor der „*Lehre* Bileams" (Offb 2,14).

Es ist eigentlich erstaunlich, dass der Geist Gottes diesen geldgierigen Propheten hat gebrauchen wollen, um einige der schönsten Sprüche anzustimmen, die in der Bibel aufgezeichnet sind. Das ist ein Beweis der Souveränität unseres Gottes, der über den Mächten des Bösen steht und sogar einen *Fluch* in einen *Segen* verwandeln kann.

Diese Sprüche zeigen uns das Gesicht, die Vision des Allmächtigen (vgl. 4Mo 24,4). Es geht um die Weise, wie *Gott* auf sein Volk schaut, es geht um seine auserwählende Gnade, seinen ewigen Vorsatz - wohingegen wir dazu neigen, das zu sehen, was vor Augen ist. So illustrieren die Segenssprüche Bileams, dass niemand in der Lage ist, die Auserwählten Gottes zu beschuldigen, sie anzuklagen und zu verurteilen. Wenn Gott für uns ist, wer kann dann gegen uns sein? Dieser Grundsatz gilt für uns als neutestamentliche Gläubige in einem noch tieferen Sinn als für Israel (vgl. Röm 8,31-39).

Der *erste* Segensspruch behandelt Gottes souveränen Rat im Blick auf sein Volk (4Mo 23,7-10). Es ist ein Volk, das abgesondert wohnt, ein erlöstes und geheiligtes Volk, das von Gott selbst gesegnet wird.

Der *zweite* Segensspruch legt den Nachdruck auf die Unveränderlichkeit des Rates Gottes, der die Seinen aus freier Gnade rechtfertigt und sie zum Sieg führt (4Mo 23,18-24). „Er erblickt keine Ungerechtigkeit in Jakob und sieht kein Unrecht in Israel" (V. 21). Wie ist das möglich? Dadurch, dass Gott immer auf das Erlösungswerk Christi sieht, sowohl unter dem alten Bund als auch unter dem neuen Bund. Die Herrschaft der *Gnade* tut jedoch der gerechten *Regierung* keinen Abbruch - wie Israel das nach der Sünde mit Baal-Peor erfahren hat (4Mo 25).

Der *dritte* Segensspruch beschreibt in Einzelheiten das Gesicht, die Vision des Allmächtigen: die Lieblichkeit des Volkes Gottes als eine Pflanzung seiner Hand. Wie gut sind die Zelte Jakobs, die Wohnungen Israels! Gott wird sein Volk zum Sieg über alle Feinde und Israels Königreich zu einer erhabenen Stellung führen. In den letzten Tagen wird das erst richtig Wirklichkeit werden (4Mo 24,3-9).

Der *vierte* Spruch führt uns auch zur Endzeit, zum Wiederkommen Christi (4Mo 24,15-24). Er ist der Stern, der aus Jakob aufgehen wird, das Zepter, das aus Israel aufsteigt und alle Widersacher zerschmettern wird (nicht nur Moab, sondern auch Edom, Amalek, Assur und Rom). Sein Friedensreich ersetzt alle anderen Reiche.

Dieses Büchlein geht auf einige Vorträge von George Bell, einem englischen Bibellehrer, zurück. Ich habe dieses Material gründlich bearbeitet und wo es erforderlich war, ergänzt. Es ist also eine Koproduktion geworden. Möge der Herr seinen Segen damit verbinden.

Gouda, im Frühjahr 2006
Hugo Bouter

1. Siehe, ein Volk, das abgesondert wohnt

4. Mose 23,7–10

Balak, ein ängstlicher König

Die Segenssprüche der Erzväter sind gut bekannte Abschnitte im Alten Testament. Doch auch die Worte Hiobs werden an zwei Stellen als Sprüche erwähnt (Hi 27,1; 29,1). In Psalm 49 wird ein Spruch einem *Geheimnis* gleichgestellt, das enthüllt werden muss und das ohne Hilfe von anderen somit schwierig zu begreifen ist (Ps 49,5). So ist es auch mit einigen Aussagen unseres Herrn im Neuen Testament, insbesondere den Gleichnissen, den Geheimnissen vom Reich der Himmel. Die Jünger hatten häufig Mühe damit, sie zu begreifen, und der Herr gab ihnen daher nähere Erklärung.

Wir wollen uns mit den Sprüchen Bileams beschäftigen, der auch eine Reihe Bilder gebraucht, um die einzigartige Stellung des Volkes Gottes zu beschreiben. Es gibt *vier* Segenssprüche in 4. Mose 23 und 24; doch wenn wir den Schluss von Kapitel 24 als drei gesonderte Sprüche zählen (24,20–24), sind es *sieben*.

Die Umstände, die diese Sprüche veranlassen, sind von besonderer Art. Wir sehen hier einen König, Balak, der im Blick auf das Kommen der Israeliten völlig ratlos war. Er dachte, dass diese gewaltige Heeresmacht eine Invasion seines Landes vorbereitete. Davon gab er eine lebendige Beschreibung: „Nun wird dieser Haufe alles um uns her abfressen, wie das Rind das Grüne des Feldes abfrisst“ (4Mo 22,4).

Balak, der König der Moabiter, war sich bewusst, dass er diesen Heeren nicht gewachsen war. Darum sandte er Boten zum Land seiner Volksgenossen und rief Bileam um Hilfe an, der ungefähr 600 km entfernt in Mesopotamien wohnte. Bileam wird in acht verschiedenen Bibelbüchern genannt, fünf im Alten und drei im Neuen Testament.

Es ist daher durchaus der Mühe wert, das zu studieren, was über ihn gesagt wird (zum Alten Testament siehe 4Mo 22–24; 31,8.16; 5Mo 23, 4.5; Jos 13,22; 24,9.10; Neh 13,1.2 und Mi 6,5). Die neutestamentlichen Hinweise sind schon im *Vorwort* genannt (siehe auch den Anhang).

Bileam, ein „Prophet“

Die zweite Hauptperson in dieser Geschichte ist Bileam, ein Wahrsager, ein Beschwörer, der durch Fluchsprüche Unheil über das Volk Israel ausrufen sollte - über das Volk, von dem Balak sich bedrängt fühlte. Bileam war eigentlich ein Medium, jemand, der sich mit finsteren Mächten einließ. Aufgrund seines Rufes auf diesem Gebiet ließ Balak ihn holen. Balak war von seinen Fähigkeiten überzeugt: „Denn ich weiß: Wen du segnest, der ist gesegnet, und wen du verfluchst, der ist verflucht“ (4Mo 22,6).

Bileam hatte einen vielschichtigen Charakter. Er wusste sich gegenüber Balak sogar für fromm auszugeben. Doch als er auf dessen teuflischen Plan einging, bekam er es mit einer *höheren* Macht als der der Dämonen zu tun: der Macht des HERRN, des Gottes Israels, des Höchsten, des Allmächtigen. Da entdeckte er, dass es „keine Zauberei gegen Jakob und keine Wahrsagerei gegen Israel“ gab (4Mo 23,23). Bileam wurde jedes Mal gezwungen, das Wort zu sprechen, das Gott ihm in den Mund legte, und so wurde der *Fluch* in einen *Segen* verwandelt (4Mo 23,5.16; 24,1.2).

Bileam war also ein Prophet wider Willen. Wenn Petrus über die falschen Propheten der Endzeit spricht, nennt er ihn als abschreckendes Beispiel. Es ging Bileam nämlich um den Wahrsagerlohn, den „Lohn der Ungerechtigkeit". Er liebte „den Lohn der Ungerechtigkeit", obwohl er eine Zurechtweisung von seiner eigenen Eselin empfing: „ein sprachloses Lasttier, mit Menschenstimme redend, wehrte der Torheit des Propheten" (4Mo 22,7; 2Pet 2,15.16).

Er war also wirklich ein sonderbarer „Prophet". Nirgends in der Bibel hat er einen guten Namen. Bileam entpuppte sich letztendlich als ein falscher Prophet mit einer falschen Lehre. Als die ursprüngliche Absicht Balaks, das Volk zu verfluchen, missglückt war, lehrte Bileam ihn, den Kindern Israel eine Schlinge zu legen. Diese „Lehre Bileams", wodurch Israel in Abgötterei und Hurerei verfiel, wird im letzten Bibelbuch scharf verurteilt (Offb 2,14). Es ist die Lehre der *Vermischung* von gut und böse, von Bösen und Guten, des Volkes Gottes mit einer götzendienerischen Welt. Es ist die Lehre des Synkretismus, die leider auch innerhalb des Christentums Anklang gefunden hat.

Bileam wurde offenbar durch Geldsucht getrieben; sowohl Petrus als Judas weisen darauf hin. Das ist immer eine große Gefahr (denk an andere bekannte Beispiele wie Gehasi und Judas Iskariot). Die falschen Propheten der Endzeit erliegen ebenfalls der Verführung eines Bileamlohnes. Das führt immer zum Untergang, wie Paulus auch an Timotheus, sein Kind im Glauben, schreibt (1Tim 6,5-10). Gott zu dienen darf niemals als Gewinnquelle betrachtet werden.

Zunächst ging Bileam nicht auf die Vorstellungen Balaks ein; er musste also vorläufig auch auf den Wahrsagerlohn verzichten. Das kam dadurch, dass der HERR ihm nachts erschien und ihm kurz und bündig verbot, mit den Fürsten von Moab zu gehen. Gott hatte andere Gedanken über sein

Volk, Pläne der Liebe und des Segens: „Und Gott sprach zu Bileam: Du sollst nicht mit ihnen gehen; du sollst das Volk nicht verfluchen, denn es ist gesegnet“ (4Mo 22,12).

Es schien so, als wollte er auf Gottes Stimme hören. Er sandte die Fürsten von Moab zurück und ging nicht mit ihnen. Doch Balak ließ sich nicht mit leeren Worten abspeisen. Er sandte erneut Fürsten, zahlreicher und angesehener als die ersten. Der Lohn wurde enorm erhöht. Bileam begann zu zögern und ließ seine Gäste eine Nacht bleiben, um zu sehen, ob der HERR weiterhin noch etwas zu ihm sagen würde. Es ist deutlich, dass er im Bann des Geldes war. Als Gott sah, dass er doch gern gehen wollte, ließ Er dies unter *einer* Bedingung zu: „... aber nur das, was ich dir sagen werde, sollst du tun“ (4Mo 22,20).

Der Segen kommt von oben

Es ist ernst, wenn Menschen so von Geldsucht getrieben werden, dass sie bereit sind, das Volk Gottes zu verfluchen. Der Weg Bileams war ein verkehrter, sündiger Weg. Gott ließ ihn das auch deutlich merken, als er sich auf den Weg machte. Der Engel des HERRN - ein Bild von Christus vor der Fleischwerdung - stellte sich als sein Widersacher in den Weg (4Mo 22ff.).

Bileam sah Ihn jedoch nicht - mit gezücktem Schwert in der Hand - auf dem Weg stehen, wohl aber die Eselin. Dreimal wich sie Ihm aus, und dreimal schlug Bileam sein Reittier und setzte seinen selbstgewählten Weg fort. Bileam bekam zuerst eine Rüge von seiner Eselin, dem Lasttier, das mit Menschenstimme sprach. Danach öffnete *Gott* ihm die Augen; er sah ein, dass er sein Leben aufs Spiel gesetzt hatte. Der Engel des HERRN schärfte ihm noch einmal deutlich ein, dass er nur das sagen durfte, was *Er* ihm sagen würde (4Mo 22,35).

Balak wird wohl gedacht haben, dass er Bileam jetzt dort hatte, wo er ihn haben wollte. Aber Bileam beugte sofort schon vor, dass er nichts sagen könne, außer dem Wort, „das Gott mir in den Mund legt" (4Mo 22,38). Es muss für Balak einfach schockierend gewesen sein, Bileam den folgenden Tag weissagen zu hören: „Aus Aram hat Balak mich hergeführt, der König von Moab, von den Bergen des Ostens: Komm, verfluche mir Jakob; ja, komm, verwünsche Israel! Wie soll ich verfluchen, den Gott nicht verflucht, und wie verwünschen, den der HERR nicht verwünscht hat?" (4Mo 23,7.8).

Sie schauen von der Bergspitze auf das Volk Israel im Gebiet Moabs herab: „Denn vom Gipfel der Felsen sehe ich es, und von den Höhen herab schaue ich es" (4Mo 23,9). Es ist deutlich, dass sie von diesem Aussichtspunkt aus, genau außerhalb der Grenzen Moabs, den ganzen Lagerplatz der Israeliten überblicken konnten.

„Vom Gipfel der Felsen" - das ist eine interessante Stelle, um von dortaus das Volk Gottes zu betrachten. Das bedeutet, dass sie die Zeltlager der Israeliten aus *Gottes* Sicht sahen, von *oben,* und nicht von unten. Gedanken und Meinungen von Menschen haben keinen Bestand, aber der Gipfel der Felsen spricht von der Unwandelbarkeit von Gottes eigenem Vorsatz.

Vor ein paar Jahren waren wir in Devon in Urlaub. Wie die meisten Menschen besuchten wir Dartmoor und sahen die gewaltigen Felsen, die „tors" (Felstürme) genannt werden. Wir bestiegen einen Teil vom Haytor und kamen unter den Eindruck von deren Standfestigkeit und Unbeweglichkeit. Das ist eine der Lektionen, die wir von den Felsen lernen.

Bileam fügte noch hinzu: „... von den Höhen herab schaue ich es". Die Höhen sprechen vielleicht von einer klaren Sicht und einer reinen Luft. Von der Höhe der Hügel aus begreifen wir Gottes Pläne der Gnade gegenüber seinem

Volk. Wir können dann mit David sagen: „Und wie kostbar sind mir deine Gedanken, o Gott! Wie gewaltig sind ihre Summen!" (Ps 139,17).

Es ist wichtig, dass wir unsere Mitgläubigen so sehen, wie Gott sie sieht. Lasst uns mehr daran denken. Wie sieht Gott seine Kinder? Er sieht sie „in Christus" - das ist ein Ausdruck, der sehr oft in den Briefen des Paulus gebraucht wird. Der Apostel sagt sogar, dass Gott uns in Ihm auserwählt hat vor Grundlegung der Welt (Eph 1,4).

Es ist nicht schwierig, einander zu kritisieren. Doch wir sind durch die Gnade Gottes in diese neue Stellung versetzt worden, in der wir begnadigt oder angenehm gemacht sind in dem Geliebten (Eph 1,6). Wenn wir unsere Brüder und Schwestern so sehen, dann sehen wir sie „vom Gipfel der Felsen" aus. Dann sehen wir sie in Übereinstimmung mit dem ewigen Vorsatz Gottes, den Er in Christus Jesus, unserem Herrn, gefasst hat.

Ein Volk, das abgesondert wohnt

Es war unmöglich, dass Bileam das Volk verfluchen würde. Gott selbst legte ein Wort in den Mund des Propheten (4Mo 23,5). Der Segensspruch besteht aus vier kurzen Teilen. Es sind keine langen Mitteilungen, aber doch aufschlussreiche Worte.

Das erste ist, dass das Volk *abgesondert* wohnt. Das hat selbstverständlich Bezug auf die Stellung Israels als Volk Gottes. Er hatte es als ein *heiliges* Volk angenommen, ein Volk zum Eigentum (siehe 2Mo 19,5.6). Es wird uns vielleicht erstaunen, dass diese Ausdrücke im Neuen Testament auf uns als Christen angewandt werden. Sowohl Paulus als auch Petrus zitieren aus 2. Mose 19 (Tit 2,14; 1Pet 2,9). Wir sind nämlich *auch* ein Volk, das für Gott beiseite gestellt ist. *Israel* sollte eine *heilige Nation* sein, doch dies gilt genauso gut für die neutestamentlichen Gläubigen. Das Neue Testament spricht viel über unsere Heiligung (siehe u. a. 2Kor 6,14–18).

Es wird unter die Nationen nicht gerechnet werden

Dieser Plan Gottes, ein *eigenes* Volk zu besitzen, geht schon in die Zeit nach der Sintflut und dem Turmbau in Babel zurück, als die Völker über die ganze Erde zerstreut wurden. Alles begann mit der Berufung Abrams aus dem götzendienerischen Ur der Chaldäer. Gott verhieß ihm und seinen Nachkommen das Land Kanaan. Abram selbst besaß davon nichts: Er hatte lediglich ein Zelt und einen Altar, wobei er den Namen des HERRN anrief. Abraham, der Vater der Gläubigen, ist auch für uns ein großes Vorbild.

Ebenso wie Abram aus Ur gerufen wurde, um dem lebendigen Gott zu dienen, so wurden auch seine Nachkommen aus Ägypten gerufen, um künftig das Volk Gottes zu sein: „... aus Ägypten habe ich meinen Sohn gerufen" (Hos 11,1). Sie sollten von den Völkern, die sie umgaben, abgesondert sein. Diese Völker dienten den Götzen, und das ging einher mit allerlei gräulichen Praktiken. Israel sollte ein Zeuge von dem *einen* wahren Gott sein und Ihm allein dienen und Ihn verherrlichen. Leider haben die Israeliten darin jämmerlich versagt und verfielen auch in Götzendienst. Das führte schließlich zur Wegführung des Volkes und zur Gefangenschaft in Babel.

Doch wie steht es mit uns, die wir zur Gemeinde des lebendigen Gottes gehören? Gott ruft noch immer Menschen aus dieser Welt – geradeso wie in der Zeit Abrahams. Die Gemeinde (griech. *ekklesia*) ist ein Volk von „Herausgerufenen" (Mt 16,18). Wir sind aus Israel und aus den Völkern gerufen, um gemeinsam ein Volk für seinen Namen zu bilden (Apg 15,14; 26,17.18).

Das bedeutet nicht, dass wir Einsiedler werden müssen, denn wir leben noch *in* der Welt, obwohl wir nicht *von* der Welt sind (vgl. Joh 17,14). Wir haben hier eine Aufgabe, einen Auftrag, von Christus zu zeugen. Bevor der Herr zum Vater zurückkehrte, gab Er seinen Jüngern den großen Auftrag: „Geht hin in die ganze Welt und predigt der ganzen Schöpfung das Evangelium" (Mk 16,15). Die Welt des Vergnügens und der Begierde sollte für den Christen keine Anziehungskraft haben, aber es gibt eine *Menschenwelt*, die das Evangelium nötig hat.

Wer könnte den Staub Jakobs zählen?

Der dritte Teil des Segens wird in Form einer *Frage* wiedergegeben: „Wer könnte zählen den Staub Jakobs und der Zahl nach, den vierten Teil Israels?" (4Mo 23,10). Wenn Gott sich vornimmt zu segnen, dann tut Er das in reichem Maß. Das Volk Israel würde sich stark ausbreiten.

Wir sehen das bereits im ersten Buch Mose. Abraham bekam die Verheißung, dass seine Nachkommenschaft sehr zahlreich sein würde: „... wie die Sterne des Himmels und wie der Sand, der am Ufer des Meeres ist" (1Mo 22,17). Hier in 4. Mose wird ein anderes Bild gebraucht, das des *Staubes* (vgl. 1Mo 28,14). Der Gedanke ist immer der einer großen Anzahl.

Im Neuen Testament finden wir ähnliche Dinge. In Offenbarung 7 ist die Rede von den Versiegelten aus Israel und dann von einer großen Menge, „die niemand zählen konnte, aus jeder Nation und aus Stämmen und Völkern und Sprachen", die vor dem Thron und vor dem Lamm standen (Offb 7,9). Diese Menge, die niemand zählen kann, ist die Frucht des Zeugnisses treuer jüdischer Prediger in der Endzeit.

Der Herr Jesus erzählte auch ein Gleichnis von jemandem, der ein großes Gastmahl machte und viele einlud (Lk 14,17). Er sandte seinen Knecht aus mit den Worten: „Kommt, denn schon ist alles bereit". Das Befremdende ist, dass die Gäste nicht kommen wollten und anfingen, sich zu entschuldigen. Daher erging die Einladung an andere, und noch gab es Raum. Doch das Haus sollte voll werden, und darum befahl der Herr seinem Knecht: „Geh hinaus auf die Wege und an die Zäune, und nötige sie hereinzukommen, damit mein Haus voll werde" (Lk 14,23).

So ist es auch mit der Einladung des Evangeliums. Alle dürfen kommen, sowohl Juden als Heiden. Das Haus Gottes soll mit verlorenen Menschenkindern voll werden, einer zahlreichen Menge. Alles ist bereit! Das Gastmahl ist fertig, das Versöhnungswerk ist vollbracht, es ist Raum für jeden, der glaubt!

Meine Seele sterbe den Tod der Rechtschaffenen

Bileam beendete seinen Spruch mit einem ernsten Wort: „Meine Seele sterbe den Tod der Rechtschaffenen, und mein Ende sei gleich dem ihren!" (4Mo 23,10b). Doch um den Tod der *Rechtschaffenen* - oder der *Gerechten*, wie es in einer anderen Übersetzung heißt - sterben zu können, muss man auch als ein Gerechter leben wollen! Leider war Bileam dazu nicht bereit, weil er den Lohn der Ungerechtigkeit liebte. So kam er mit den Feinden des Volkes Gottes um (4Mo 31,8).

Dieser Ausdruck „die Rechtschaffenen" (o. Aufrichtigen) ist eine besondere Bezeichnung für das Volk Gottes. Die Grundlage dazu ist die Vergebung der Sünden und die Rechtfertigung aufgrund des Glaubens (Ps 32,1.2; Joh 1,47; Röm 4,5-8). Ein verwandter Ausdruck ist *Jeschurun* (d. h. „der Aufrichtige"), ein Ehrenname für Israel im Unterschied zum früheren Namen Jakob, d. h. Fersenhalter, Überlister (5Mo 32,15; 33,5.26; Jes 44,2).

Unsere Aufgabe als Christen ist es ebenfalls, in Aufrichtigkeit zu wandeln, so dass wir untadelig und lauter sind, unbescholtene Kinder Gottes inmitten eines verdrehten und verkehrten Geschlechts (Phil 2,15). Dann werden wir bereits jetzt den Segen Gottes genießen, während wir auf seine volle Erfüllung in der kommenden Ewigkeit warten.

2. Er schaut nicht an die Ungerechtigkeit in Jakob

4. Mose 23,18–24

Nicht ein Mensch ist Gott, dass Er lüge

Es war schade für Balak, aber vorläufig hatten seine Pläne keinen Erfolg. Im Vorhergehenden sahen wir, dass er Bileam hatte holen lassen, um die Heere Israels - vor denen er solche Angst hatte - zu verfluchen. Doch Bileam hatte genau das Entgegengesetzte getan: Er konnte die Israeliten nicht verfluchen, er hatte sie gesegnet. Das Vertrauen Balaks in den berühmten Wahrsager muss wohl enorm erschüttert worden sein. Er sagt daher auch zu Bileam: „Was hast du mir getan! Meine Feinde zu verwünschen habe ich dich holen lassen, und siehe, du hast sie sogar gesegnet" (4Mo 23,11).

Trotz dieser Enttäuschung wollte Balak erneut einen Versuch wagen, Israel zu verfluchen oder verfluchen zu lassen. Er nahm Bileam an einen anderen Ort mit, wo die Aussicht auf das Volk Gottes etwas eingeschränkter war. In seiner Gesamtheit würde er es dann nicht sehen. Möglicherweise fand Balak, dass Bileam zu sehr von der großen Anzahl der Israeliten beeindruckt war. Er wiederholte seinen Auftrag: „... verwünsche es mir von dort aus" (4Mo 23,13). Dachte er vielleicht, dass es für Gott einen Unterschied ausmachte, wenn sie jetzt einen anderen Standort wählten? Wie wenig wussten diese Männer doch von den Plänen und Gedanken Gottes hinsichtlich seines Volkes. Sie sollten jedoch schon bald etwas mehr davon begreifen.

Der zweite Spruch Bileams machte deutlich, was Gottes Absicht war. Bei Ihm gibt es keine Veränderung noch den Schatten eines Wechsels. Er ist seinen Verheißungen treu. Lasst uns die Worte Bileams hören: „Nicht ein Mensch ist Gott, dass er lüge, noch ein Menschensohn, dass er bereue. Sollte er sprechen und es nicht tun, und reden und es nicht aufrechterhalten? Siehe, zu segnen habe ich empfangen; und er hat gesegnet, und ich kann es nicht wenden" (4Mo 23,19.20). Es ist verwunderlich, dies aus dem Mund eines falschen Propheten zu hören!

Wir dürfen diese Worte auch auf uns selbst anwenden. Gott bleibt seinem Wort immer treu. Es gibt Umstände, die uns in die Enge führen und unseren Glauben ins Wanken bringen können. Dann dürfen wir nicht vergessen, dass Jesus Christus derselbe ist gestern und heute und in Ewigkeit (vgl. Heb 13,8). Was Er verheißt, wird Er auch tun.

Sicher gibt es das Problem unserer eigenen Untreue und unseres eigenen Versagens. Das tut letztlich den Plänen und Gedanken Gottes keinen Abbruch. Wenn Paulus über Israels Verhärtung und Untreue schreibt, dann erklärt er ausdrücklich, dass „die Gnadengaben und die Berufung Gottes" unbereubar sind (Röm 11,29). Gott ist treu, seine Pläne scheitern nicht. Das gilt auch für uns als Christen. Das Wort Bileams, dass Gott nicht lügen kann, findet Widerhall im Neuen Testament. Wir lesen nämlich im Brief des Paulus an Titus von „der Hoffnung des ewigen Lebens, das Gott, der nicht lügen kann, verheißen hat vor ewigen Zeiten" (Tit 1,2). Auf sein Wort können wir bauen.

Er erblickt keine Ungerechtigkeit in Jakob

In Kapitel 1 haben wir gesehen, dass das Volk Gottes ein heiliges, abgesondertes Volk ist. Es ist der Gegenstand der Liebe seines Herzens und gehört Ihm. Wir erinnern uns an den Ausdruck: „... ein Volk, das abgesondert wohnt“ (4Mo 23,9). Es ist für Gott beiseite gestellt, grundsätzlich für Ihn *geheiligt*.

Im zweiten Spruch kommt eine andere Wahrheit zum Vorschein, und zwar die der *Rechtfertigung*: „Er erblickt keine Ungerechtigkeit in Jakob und sieht kein Unrecht in Israel“ (4Mo 23,21). Wenn wir das in neutestamentliche Begriffe übersetzen, dann ist das der göttliche Freispruch, die Rechtfertigung, nicht aufgrund von Werken, sondern aus freier Gnade und durch Glauben (vgl. Röm 3 und 4).

Anders sind diese Worte auch kaum zu begreifen. Das Volk hatte Gottes Geduld in der Wüste ja immer wieder auf die Probe gestellt. Es hatte beständig gesündigt und rebelliert (vgl. 4Mo 14,22). Es war auch nicht vor Unglück und Unheil, Mühe und Leid bewahrt geblieben. Allein schon die Tatsache, dass ein Zug von beinahe 40 Jahren durch die Wüste nötig war, spricht Bände. Es war wegen ihres Unglaubens.

Es war eigentlich nur der Fürbitte Moses zu verdanken, der sich auf die souveräne Güte und Gnade Gottes berief, dass es vor dem Untergang bewahrt blieb. Der Hebräerbrief sagt sogar, dass Gott ihnen 40 Jahre lang zürnte, nämlich denen, die gesündigt hatten und deren Leiber in der Wüste fielen (Heb 3,17). Es war daher auch ein neues Geschlecht, eine junge Generation, die sich im Gebiet Moabs lagerte und im Begriff stand, in das Land Kanaan einzugehen. Nur zwei Männer von all denen, die über 20 Jahre alt waren, als sie aus Ägypten zogen, durften in das Land Kanaan kommen: Josua und Kaleb.

Wie ist es dann möglich, dass wir hier lesen: „Er erblickt keine Ungerechtigkeit in Jakob“? Gott sah voraus auf das Werk Christi, und deshalb konnte Er sie in Gnade ansehen. Das Volk war in den Augen Gottes nicht nur *geheiligt*, sondern auch *gerechtfertigt*. Vollkommener konnte es nicht werden.

So ist das auch bei uns. Gott sieht uns in Christus, mit seiner Gerechtigkeit und seiner Vollkommenheit bekleidet. Die volle Bedeutung des Wortes „rechtfertigen" finden wir erst im Neuen Testament. Die Rechtfertigung gründet sich auf den Tod und die Auferstehung Christi, wie der Brief an die Römer zeigt (Röm 3,25; 4,25). Sie ist ein Kernpunkt des christlichen Glaubens.

Wir haben die Erlösung durch sein Blut

Vielleicht ist es gut, in diesem Zusammenhang noch auf einige andere Erfahrungen des Volkes Israel während der Wüstenreise hinzuweisen, in denen wir als Christen ein Bild von dem Wert des Werkes Christi sehen dürfen:

1. das Blut des Passahlammes
2. der Durchzug durch das Rote Meer
3. die Begebenheit mit der kupfernen Schlange

Die Einsetzung des Passahs fand zur Zeit des Auszugs aus Ägypten statt (2Mo 12). Dort waren die Israeliten viele Jahre in Knechtschaft gewesen. Die Lage war hoffnungslos. Pharao war ein harter Meister, und es schien so, als wäre keine Befreiung möglich. Doch der Augenblick kam, wo Gott ihre Jammerklage hörte. Er sandte Mose und Aaron mit einer Botschaft zum Pharao: „Lass mein Volk ziehen" (2Mo 5,1). Das war nicht einfach, und der Pharao verstärkte den Druck auf das Volk. Dann kamen die Plagen über das Land Ägypten, aber immer wieder weigerte sich der Pharao, das Volk ziehen zu lassen. Schließlich kam die zehnte Plage: der Tod der Erstgeborenen. Es gab ein lautes Gejammer in Ägypten. Alle Erstgeborenen starben, vom Großen bis zum Kleinen: „... vom Erstgeborenen des Pharaos, der auf seinem Thron saß, bis zum Erstgeborenen des Gefangenen, der im Kerker war, und alle Erstgeburt des Viehs ... es war kein Haus, worin nicht ein Toter war" (2Mo 12,29.30).

Alle Erstgeborenen der Israeliten waren jedoch sicher hinter dem Blut des Passahlammes, das an die Türpfosten und die Oberschwelle der Häuser, worin sie waren, gestrichen worden war. Das Blut des Lammes schützte sie vor dem Gericht: „... und sehe ich das Blut, so werde ich an euch vorübergehen" (2Mo 12,13). Das legte die Grundlage für den Auszug und bildete einen neuen Anfang in ihrer nationalen Geschichte. Als Christen wissen wir, dass wir durch das Blut des wahren Passahlammes erlöst sind: Christus (1Kor 5,7). Wir haben die Erlösung durch sein Blut, die Vergebung der Vergehungen (Eph 1,7).

Der Durchzug durch das Meer unter der Führung Moses trennte die Israeliten tatsächlich von der Macht des Pharao. Dieses Vorbild spricht davon, dass wir auf den Tod Christi *getauft* sind (Röm 6,3.4; 1Kor 10,2). Wir sind mit Ihm gestorben und begraben. Dadurch sind wir aus der gegenwärtigen bösen Welt erlöst und unter die Herrschaft des auferstandenen Herrn gebracht (Gal 1,4).

In der „Wüste" lernen wir Gott besser kennen, aber auch - durch Erfahrung -, wer wir in uns selbst sind. In unserem Fleisch wohnt nichts Gutes (Röm 7,18). Die Erlösung von der Macht der Sünde liegt außerhalb von uns selbst, in einem anderen. Es ist das Werk, das Gott in *Christus* zustande gebracht hat, wofür wir Ihn preisen dürfen (Röm 7,24.25).

Das bringt uns zu der Geschichte der kupfernen Schlange, in der wir erneut ein Bild des Kreuzes Christi sehen (vgl. Joh 3,14-16). Trotz aller Beweise der liebevollen Fürsorge Gottes für sein Volk, lehnte es sich immer wieder gegen Ihn auf. Die Israeliten waren mit dem Manna nicht zufrieden, und sie klagten über den Mangel an Brot und Wasser. Darum sandte der HERR feurige Schlangen unter das Volk; die bissen das Volk, so dass viele Israeliten starben.

Was war das Heilmittel? Mose musste ein Abbild einer feurigen Schlange machen und sie auf eine Stange tun; „und ... wenn eine Schlange jemand gebissen hatte, und er schaute auf zu der Schlange aus Kupfer, so blieb er am Leben“ (4Mo 21,4–9). Es gibt eine Lösung für das Problem der Sünde, für den Biss der „Schlange“. Durch einen Blick auf das Kreuz, auf den erhöhten Christus, gibt es noch immer Leben und Heil für jeden, der glaubt!

Gott ist für uns

So lernen wir als Gläubige, dass die Sünde im Fleisch im Tod Christi verurteilt ist. Wir lernen, Gott für die große Errettung zu danken, die *Er* durch das Werk seines Sohnes ans Licht gebracht hat: „Ich danke Gott durch Jesus Christus, unseren Herrn! (Röm 7,25).

Der Jubelgesang der Befreiung erklingt: „Also ist jetzt *keine* Verdammnis für die, die in Christus Jesus sind“ (Röm 8,1). Durch den Glauben an Ihn sind wir von der Macht der Sünde und des Todes befreit. So beginnt das Leben des Sieges von Römer 8, das Leben durch den Geist. Wir führen unser Leben in der Kraft des Geistes, der in uns wohnt. Er ist unser Führer, und Er macht uns zu Überwindern im irdischen Kampf. Die Parallele zum 4. Buch Mose ist deutlich. Nach der Geschichte der kupfernen Schlange erlangte das Volk Israel einen Sieg nach dem anderen.

Römer 8 endet mit der Sicherheit des Glaubens: „Wenn Gott für uns ist, wer gegen uns?“ (Röm 8,31–39). Das bringt uns wieder zum Thema der Segenssprüche Bileams. Dieser Wahrsager war völlig machtlos, eine Anklage gegen das Volk Gottes zu erheben. Gott befahl ihm zu *segnen*. Es gab keine Zauberei gegen Jakob und keine Wahrsagerei gegen Israel (4Mo 23,23). So haben wir als Gläubige die frohe Gewissheit, dass die bösen Mächte in den himmlischen Örtern uns nicht schaden können: „Wer wird gegen Gottes Auserwählte Anklage erheben?“ (Röm 8,33).

Es gibt keinen Fluch, der uns treffen kann. Gott selbst ist für uns. Er ist der Richter, der seine Kinder von allen Anklagen freispricht. Und der auferstandene Christus ist unser Anwalt zur Rechten Gottes, der Fürsprecher, der Tag und Nacht für uns spricht. Wer wird uns scheiden von der Liebe des Christus? Die Schlussfolgerung ist, dass es keine einzige Macht im Himmel oder auf der Erde gibt, die dazu in der Lage ist. Nichts und niemand kann uns scheiden von der Liebe Gottes, die in Christus Jesus ist, unserem Herrn. Wir sind sogar mehr als Überwinder durch Ihn, der uns geliebt hat (Röm 8,37).

Bei alledem geht es nicht um uns selbst, sondern um die Frage, was *Gott* für sein Volk tut. Wer ist *Er* für uns? Bileam formulierte es so: „Um diese Zeit wird von Jakob und von Israel gesagt werden, *was Gott gewirkt hat*“ (4Mo 23,23). Gott hat große Dinge getan. Wir sind sein Werk, geschaffen in Christus Jesus. Durch Gnade sind wir errettet. Das ist sein Werk, die große Errettung, die Er in Christus zustande gebracht hat. Darin dürfen wir ruhen, und das gibt uns auch Kraft im Kampf (vgl. das Bild des siegenden Löwen in 4Mo 23,24).

Gott ist mit uns

Gott ist auch mit uns. Er wohnt inmitten seines erlösten Volkes. Das ist ein bedeutendes Thema in der Schrift (vgl. Offb 21,3). Das Wohnen Gottes bei den Menschen ist das Ergebnis der Erlösung. Bileam verweist hier daher auch auf den Auszug (4Mo 23,22). Nachdem Gott Israel aus Ägypten geführt hatte, wollte Er bei ihnen *wohnen*. Das tat Er in der Stiftshütte, seinem Zelt in der Wüste. Die meisten Leser kennen das gut.

Die Stiftshütte war ein tragbares Heiligtum. Der Bau bestand aus Brettern von Akazienholz, und das „Dach" wurde von vier verschiedenen Zeltdecken gebildet. Die erste Decke, die man nur innerhalb des Heiligtums sehen konnte, war die eigentliche Wohnung der Hütte (2Mo 26,1.6). Alles musste entsprechend dem Muster angefertigt werden, das Gott Mose auf dem Berg Sinai zeigte. Der Auftrag Gottes an sein Volk lautete daher: „Und sie sollen mir ein Heiligtum machen, dass ich in ihrer Mitte wohne" (2Mo 25,8). Das entsprechende Material sollten sie freiwillig zur Verfügung stellen.

Dieses Thema - Gott wohnt bei uns - finden wir auch im zweiten Segensspruch. Bileam gab nämlich das folgende Zeugnis über Israel: „... der HERR, sein Gott, ist mit ihm, und Jubelrufe wie um einen König sind in seiner Mitte" (4Mo 23,21b). Der Gott, der Israel aus der Knechtschaft Ägyptens erlöst hatte, war bleibend in seiner Mitte. Das kommt sowohl im Alten als auch im Neuen Testament auf eindrucksvolle Weise im Namen „Emmanuel", d. h. „Gott mit uns", zum Ausdruck (Jes 7,14; 8,8; Mt 1,23).

Es ist stets die Absicht Gottes gewesen, bei den Menschen zu wohnen, und das ist noch immer so. Die Gemeinde ist jetzt der Wohnort Gottes, die Behausung Gottes im Geist (Eph 2,22). Sie wurde am Pfingsttag durch die Ausgießung des Heiligen Geistes gebildet (Apg 2). Alle wahren Gläubigen gehören zur Gemeinde. Petrus gebraucht dafür das Bild eines Gebäudes, das aus „lebendigen Steinen" besteht, ein geistliches Haus. Zusammen bilden wir ein heiliges Priestertum, um geistliche Schlachtopfer darzubringen, die Gott durch Jesus Christus wohlgefällig sind (1Pet 2,4.5).

Zur Stiftshütte gehörte ein sichtbares Zeichen: die Wolke der Gegenwart Gottes, die über den Cherubim im Allerheiligsten ruhte. Tagsüber war sie eine Wolkensäule und nachts eine Feuersäule über dem Zelt der Zusammenkunft. Dadurch führte Gott das Volk auf allen seinen Zügen durch die Wüste (vgl. 2Mo 40,34-38; 4Mo 10,11-13). Die Wolke bot Schutz, Leitung und Licht in der Nacht. Gott gab ihnen seinen guten Geist, um sie auf dem Weg zu unterweisen (Neh 9,19-21).

Deshalb ist es so wichtig, dass wir den Heiligen Geist nicht betrüben und Ihm nicht widerstehen. Ein heiliger Gott kann nur inmitten eines heiligen Volkes wohnen. Auch das Neue Testament enthält zahlreiche Aufrufe zur Heiligkeit in Lehre und Leben. Die Lehre der Gottseligkeit muss beachtet werden (siehe u. a. 1Tim 6,3ff.). Die Heiligkeit ist dem Haus Gottes zur Zierde, auf immerdar (Ps 93,5).

Das *zweite* Kennzeichen der Gegenwart Gottes inmitten seines Volkes waren die „Jubelrufe wie um einen König" (wörtlich: „Königsjubel"). Das ist ein Hinweis auf die Signaltrompeten in 4. Mose 10, die bei verschiedenen Gelegenheiten geblasen wurden. Israels Feiertage, die Feste des HERRN, wurden u. a. durch Trompetenschall angekündigt. Das ist ein glückliches Volk, das den „Jubelschall" kennt und auf diese frohen Klänge hört (Ps 89,16). Das weist auf die Bereitschaft hin, dem Wort Gottes *gehorsam* zu sein.

Wenn die Jubelrufe über den König bei uns sind, müssen wir uns auch *königlich* verhalten. Wir bilden als Gläubige ja „eine königliche Priesterschaft", um die großen Taten dessen zu verkündigen, der uns aus der Finsternis zu seinem wunderbaren Licht berufen hat (1Pet 2,9). Hier geht es also um unser Zeugnis nach *außen*. Diese prophetischen Worte in Bezug auf den König haben wahrscheinlich auch eine zukünftige Bedeutung.

Das Bewusstsein der Gegenwart Gottes gibt auch *Kraft* im Kampf, wie wir weiterhin in diesem Segensspruch sehen:

„Gott hat sie aus Ägypten herausgeführt; sein ist die Stärke des Wildochsen“ (4Mo 23,22). Es geht darum, dass kein einziger Feind dem Volk Gottes standhalten kann.

Überall im Alten Testament finden wir Hinweise auf den Auszug. Dieser denkwürdige Tag durfte nicht vergessen werden. Die Propheten sprechen auch häufig darüber, um das Volk zu ermutigen und es auf seinen Erlöser hinzuweisen. Sogar im Neuen Testament kommt er vor: In der Apostelgeschichte sehen wir, wie Stephanus seine jüdische Zuhörerschaft auf den Auszug hinwies (Apg 7,36).

Wie ist das bei uns? Wissen wir noch den Tag unserer Erlösung? Erinnern wir uns, dass wir hinter dem Blut des Lammes Schutz suchten? Das bedeutete einen völligen Neuanfang in unserem Leben. Das Ende - der letzte Sieg - ist ebenfalls sicher, sowohl für Israel als auch für uns als Christen. „Gott aber sei Dank, der uns den Sieg gibt durch unseren Herrn Jesus Christus!“ (1Kor 15,57; vgl. 4Mo 23,23.24).

Bileams Schlussfolgerung war daher auch, dass es keine Zauberei gegen Jakob gab und keine Wahrsagerei gegen Israel. Der Plan Balaks war missglückt. Gott selbst trat zugunsten seines Volkes auf, wer konnte Ihm widerstehen? Aber Balak wollte das nicht akzeptieren. Er gab noch nicht auf und machte einen weiteren Vorschlag: „Komm doch, ich will dich an einen anderen Ort mitnehmen; vielleicht wird es in den Augen Gottes recht sein, dass du es mir von dort aus verwünschst“ (4Mo 23,27). Im folgenden Kapitel sehen wir, wie das ablief. Bileam muss wohl eine Vermutung gehabt haben, was dabei herauskommen würde. Vielleicht hoffte er doch noch auf eine Belohnung und wollte deshalb seine Mitarbeit nicht sofort einstellen.

Lasst uns währenddessen nicht den wichtigsten Punkt dieses zweiten Segensspruches aus dem Auge verlieren: Israel war ein *gerechtfertigtes* Volk! Das gilt auch für uns: Wir werden umsonst gerechtfertigt durch die Gnade Gottes, durch die Erlösung, die in Christus Jesus ist (Röm 3,24). Gott ist ein gnädiger Gott und ein gebender Gott. Er hat uns seinen Sohn geschenkt und seinen Geist in unsere Herzen ausgegossen! Er gibt uns das ewige Leben! Wird Er uns mit Christus nicht auch alles schenken?

3. Wie schön sind deine Zelte, Jakob

4. Mose 24,3-9

Erleuchtete Augen des Herzens

Diesmal ließ Bileam sich nicht durch die bösen Geister leiten, wie er das zuvor getan hatte. Zweimal hatte der Herr eingegriffen, und Er hatte ein Wort in den Mund Bileams gelegt: keinen Fluch, sondern einen Segensspruch (4Mo 23,5.16). Der Wunsch Balaks, Israel zu verfluchen, war genau dem Willen Gottes entgegengesetzt, der segnend in ihrer Mitte war. Der Seher begriff nun, dass es in den Augen des Herrn gut war, Israel zu segnen, und deshalb richtete er sein Angesicht zur Wüste, wo er das Volk nach seinen Stämmen gelagert sah.

So wurde er ein williges Instrument in der Hand Gottes. Es ruft vielleicht unser Erstaunen wach, zu lesen, dass der Geist Gottes über ihn kam. Das geschah jedoch öfter im Blick auf eine bestimmte Aufgabe, meistens für eine begrenzte Zeit (Simson, Saul, David). Erst im Neuen Testament lesen wir von der *dauerhaften Innewohnung* des Geistes im Gläubigen; das ist das Ergebnis des vollbrachten Werkes Christi und seiner Verherrlichung im Himmel (Joh 7,39; 14,15-17).

Für Bileam selbst war das ebenfalls eine ganz neue Erfahrung, dass der Geist Gottes ihn (jedenfalls zeitweilig) beherrschte. Er beschrieb durch einige Kennzeichen seiner Stellung ausführlich, was über ihn kam:

1. er war „der Mann geöffneten Auges“ oder „der Mann, dessen Auge rein [oder vollkommen] ist“
2. er hörte die Worte (oder Aussprüche) Gottes
3. er sah das Gesicht (die Vision) des Allmächtigen (Schaddai)
4. er fiel nieder, d. h. er geriet in Verzückung
5. seine Augen wurden „enthüllt“, d. h. „erschlossen“ oder „erleuchtet“

Das waren seine Qualifikationen als Seher (4Mo 24,3.4). Bileam sah dadurch die Dinge so, wie Gott sie sah. Er hatte keine andere Wahl, weil der Geist Gottes auf ihm ruhte. Auf diese Weise begriff er Gottes wunderbare Pläne mit seinem auserwählten Volk. Es war die *Vision*, die der Allmächtige selbst ihn sehen ließ; Gott war deren Quelle. Er hörte auch die *Worte* Gottes, es waren *göttliche* Aussprüche, die er vernahm.

Wir dürfen diese gewaltigen Vorrechte auch auf uns als Gläubige anwenden. Gott hat uns seinen Geist geschenkt und uns die Augen des Herzens erleuchtet (vgl. Eph 1,7-19). Im Brief an die Epheser lernen wir, wie *Gott* auf sein Volk blickt und was sein ewiger Vorsatz ist, seine Pläne der Gnade im Blick auf seine Kinder. Wir haben seine Worte gehört, inspirierte Worte, Worte ewigen Lebens. Das bedeutet jedoch Verantwortung für uns. Lasst uns deshalb mit dem Psalmdichter beten: „Öffne meine Augen, damit ich Wunder schaue in deinem Gesetz“ (Ps 119,18).

Gott der Allmächtige

Jeder Teil dieses Spruches ist bedeutungsvoll. So ist hier zum ersten Mal in diesen Kapiteln die Rede von Gott als dem *Allmächtigen*, ein Name, den wir aus den Geschichten der Erzväter kennen. „Und als Abram 99 Jahre alt war, da erschien der HERR Abram und sprach zu ihm: Ich bin Gott, der Allmächtige; wandle vor meinem Angesicht und sei vollkommen. Und ich will meinen Bund setzen zwischen mir und dir und will dich sehr, sehr mehren" (1Mo 17,1.2).

Gott hatte ihm schon viel früher eine zahlreiche Nachkommenschaft verheißen, doch bis zu der Zeit war seine Ehe mit Sarai unfruchtbar geblieben. Menschlich gesprochen gab es keine Hoffnung mehr. Dennoch lesen wir im Neuen Testament, dass Abraham nicht an der Verheißung Gottes durch Unglauben zweifelte, sondern in seinem Glauben gestärkt wurde und Gott die Ehre gab (Röm 4,20). Schließlich wurde Isaak geboren, der Sohn der Verheißung, als Abraham 100 Jahre alt war und Sara 90 Jahre. Sollte für den HERRN etwas zu wunderbar sein (1Mo 18,14)?

Der *Allmächtige* ist der Gott, der über alle Mittel verfügt und die Seinen mit allem Nötigen versorgt. Dieser Gott stand auf der Seite des Volkes Israel, und deshalb war es unmöglich, sie zu verfluchen. Dieser Gott ist auch unser Gott. Der wahre Isaak ist gekommen, und in Ihm, dem auferstandenen Herrn, sind alle Verheißungen Gottes Ja; deshalb ist auch durch Ihn das Amen, Gott zur Herrlichkeit durch uns (2Kor 1,20).

Ordnung und Aufbau

Alle Anstrengungen der Menschen, die Welt zu verbessern und ein gewisses Maß an Ordnung und Ruhe zu erreichen, erweisen sich als ergebnislos. Auf welche Weise man auch immer an die Probleme herangeht, die Unordnung kommt zu keinem Ende. Ordnung und Einheit gehören zusammen, doch sie sind sehr schwierig zu verwirklichen.

Dasselbe Bild sehen wir in der Christenheit: Überall herrscht Unordnung. Sicher gibt es keine *praktische* Einheit. Der erste Brief des Paulus an die Korinther kann uns jedoch dabei helfen. Dieser Brief handelt gerade von der *Ordnung* in der Gemeinde. Der Apostel schreibt u. a.: „Denn Gott ist nicht ein Gott der Unordnung, sondern des Friedens" (1Kor 14,33). Ordnung, Friede und Einigkeit untereinander hängen miteinander zusammen. Es ist schön, eine solche Situation der Ordnung und Einigkeit unter Gottes Volk anzutreffen.

Nun, solche anziehenden Kennzeichen finden wir im dritten Segensspruch Bileams: „Wie schön sind deine Zelte, Jakob, deine Wohnungen, Israel!" (4Mo 24,5). Wie schön sind deine Zelte! Der Ausdruck „wie schön" oder „wie lieblich" kommt öfter in Verbindung mit dem Heiligtum und dem Zusammenwohnen als Brüder in der Nähe Gottes vor (Ps 84,2; 133,1). Das gilt auch jetzt noch. Wie schön ist die Einigkeit von Kindern Gottes, wie lieblich ist ihre Gemeinschaft in seinen Augen!

Obwohl vielleicht zwei Millionen Menschen auf dem Lagerplatz waren, war die Aufstellung des Zeltlagers besonders ordentlich. Alles war von Gott selbst angeordnet. Die Stämme hatten alle ihren zugewiesenen Platz; wir können das in 4. Mose 2 und 3 nachlesen. Bileam muss wohl von der Ordnung und dem Aufbau des Lagerplatzes Israels beeindruckt gewesen sein. Wir bekommen den Eindruck, dass die Zelte sehr ordentlich angeordnet waren. Bei so vielen Menschen war auch durchaus Disziplin nötig.

Bekanntlich gab es zwölf Stämme, deren Stammväter die Söhne Jakobs waren. Es gab jedoch keinen Stamm, der nach Joseph benannt war. Sein Platz wurde von seinen beiden Söhnen, Ephraim und Manasse, eingenommen. Jakob hatte sie am Ende seines Lebens „adoptiert", und deshalb wuchsen sie zu selbständigen Stämmen heran (vgl. 1Mo 48,5). Der Stamm Levi war für den Dienst Jahwes beiseite gestellt, und die priesterliche Familie - die Söhne Aarons - trug dabei die Hauptverantwortung.

Auf dem Lagerplatz Israels hielt alles Verbindung mit dem Zentrum: Das war das *Zelt,* wo Gott wohnte. Die zwölf Stämme, die nach ihren Heeren gezählt wurden (4Mo 1,3), waren um dieses Zentrum gruppiert. Es gab ein Banner von drei Stämmen an der Ostseite, wo die Sonne aufging. Der Fürst von Juda war deren Anführer, und diese Abteilung musste zuerst aufbrechen. Das folgende Banner befand sich an der Südseite: Das war der Lagerplatz von Ruben, Simeon und Gad. Das Banner des Lagerplatzes von Ephraim, Manasse und Benjamin war an der Westseite, und das von Dan, Aser und Naphtali war an der Nordseite. Sie mussten zuletzt aufbrechen. In einem bestimmten Abstand mussten sie sich jeweils um das Zelt der Zusammenkunft lagern. Sie mussten das ganze Lager bewachen.

Der Lagerplatz der Leviten war jedoch in der unmittelbaren Nähe des Zeltes. Levi hatte drei Söhne: Gerson, Kehat und Merari. Die Arbeit in Verbindung mit dem Heiligtum wurde unter ihren Nachkommen aufgeteilt. Die *Gersoniter* lagerten hinter dem Zelt an der Westseite. Sie waren für den Transport der Zeltdecken, der Umhänge und der beiden Vorhänge am Eingang des Vorhofs und des Zeltes der Zusammenkunft verantwortlich. Die *Kehatiter* lagerten entlang dem Zelt an der Südseite. Sie trugen Sorge für alle heiligen Gegenstände, die sie auf ihren Schultern tragen mussten: die Bundeslade, den Tisch, den Leuchter, die Altäre und alle Dienstgeräte sowie den Vorhang zum Allerheiligsten. Die *Merariter* lagerten entlang dem Zelt an der Nordseite: Sie beförderten alle Bretter, Riegel, Säulen und Fußstücke. Die Leviten waren auch für den Ab- und Aufbau der Zeltwohnung während der Wüstenreise verantwortlich; kein Unbefugter durfte zum Heiligtum herzunahen.

Diese Aufgabenverteilung enthält natürlich eine Lektion für uns. Die Leviten hatten alle ihre *eigene* Arbeit zu tun; sie brauchten nicht eifersüchtig aufeinander zu sein. Jemand, der Zeltpflöcke und Seile trug, brauchte nicht missgünstig auf einen Kehatiter sehen, der einen Gegenstand aus reinem Gold trug. Die Zeltpflöcke waren genauso nötig, sonst wäre das Gebäude instabil geworden. Gott hatte diesem Leviten diese Aufgabe gegeben, und das war das Einzige, was zählte.

So finden wir das auch im 1. Brief an die Korinther. Gott hat allen Gliedern des Leibes Christi ihren Platz zugewiesen, wie Er es gewollt hat (1Kor 12,12ff.). Wir dürfen keine Eifersucht hegen. Wir können auch nicht zu dem anderen sagen: Ich brauche dich nicht. Alle Glieder sind für die Auferbauung des Leibes nötig! Jeder Gläubige hat seine eigene besondere Aufgabe!

Eins der Probleme heutzutage ist, dass an vielen Orten nur eine Person für den Gottesdienst verantwortlich ist. Da gibt es einen Einmanndienst, wohingegen es doch viele Gaben in der Gemeinde gibt. Das ist nicht nach den Gedanken Gottes. Wir wollen uns selbst fragen, ob wir unsere Funktion so ausüben, wie Gott es beabsichtigt hat.

Dabei dürfen wir 1. Korinther 13 auch nicht vergessen: das Kapitel der Liebe. Die Liebe ist das höchste Motiv für jeden Dienst, das Öl, das alles geschmeidig funktionieren lässt. Sonst fährt sich alles fest. Die Liebe ist langmütig, gütig, sie neidet nicht. Sie sucht nicht das Ihre, sie lässt sich nicht erbittern, sie rechnet das Böse nicht zu. Sie deckt alles zu, sie hofft alles, sie erduldet alles (1Kor 13,4.5.7). Glaube, Hoffnung und Liebe sind es, die wir nötig haben, die größte aber von diesen ist die *Liebe*. Ich nehme an, dass du dem zustimmst.

Gepflanzt an Wasserbächen

Lasst uns jetzt zum dritten Segensspruch Bileams zurückkehren, der eine ausführliche Beschreibung der Schönheit und Lieblichkeit des Lagerplatzes Israels bietet (4Mo 24,6). Es gibt vier Abschnitte, vier Kennzeichen.

Das *erste* Kennzeichen war: „Wie Täler breiten sie sich aus". Ein Tal ist immer schön anzusehen. Es gibt auf beiden Seiten Hügel, und im Licht der Sonne sind allerlei Farbabstufungen von Grün zu sehen. Hier wird noch nichts über die Notwendigkeit von Wasser gesagt, es geht zuallererst um den Gedanken der *Tiefe*, des *Tales* an sich. Das ist in der Bibel öfter ein Ort der Erprobung und Demütigung.

Es ist auch für uns bedeutsam, einen demütigen Platz einnehmen zu wollen. Gottes Wort spornt uns dazu an; denn wer sich selbst erhöht, wird erniedrigt werden. Jeder Berg und jeder Hügel wird am Tag des Gerichts eingeebnet werden, wie Johannes der Täufer das bereits ankündigte (Lk 3,5; vgl. Jes 40,4). Wir dürfen dem Vorbild Christi folgen, der sich erniedrigt hat und gehorsam wurde bis zum Tod, ja, zum Tod am Kreuz (Phil 2,8). Paulus sagt: Lasst diese Gesinnung in euch sein! Die Belehrung des Tales ist *Demut*.

Das *zweite* Kennzeichen des Zeltlagers Israels war, dass es wie „Gärten am Strom" aussah. Ein Garten ist kultivierter Boden. Um einen Garten in Ordnung zu halten, ist Pflege nötig und manchmal sogar sehr viel Arbeit. Doch ein gut gepflegter Garten ist prächtig anzusehen, besonders ein Garten voller Blumen und Pflanzen.

Es ist natürlich ein Vorteil, wenn genug Wasser vorhanden ist. Die Gärten sind hier „am Strom" gelegen. Das ist der Strom Gottes, die Ströme lebendigen Wassers. Der Bach Gottes ist voll Wasser (Ps 65,10). Gottes Volk ist an die Wasserbäche seines Wortes und Geistes gepflanzt. Dadurch ist es „ein bewässerter Garten" (vgl. Jes 58,11), und da ist auch *Frucht für Gott* zu finden. Gibt es diese geistliche Fruchtbarkeit in unserem Leben? Tragen wir Frucht auf dem Acker des Geistes? Aus uns selbst können wir keine Frucht bringen, das ist nur dadurch möglich, dass wir in Christus bleiben. Dann bringen wir viel Frucht und spiegeln sein Bild wider (Joh 15,5).

Das *dritte* Kennzeichen war wie folgt: „wie Aloebäume, die der HERR gepflanzt hat". Es geht um eine wohlriechende Holzart. Das ist aus allen Schriftstellen ersichtlich, die Aloe erwähnen, u. a. Psalm 45,9 und Hohelied 4,14. Aloe wird stets in Verbindung mit Myrrhe genannt. Myrrhe und Aloe waren wohlriechende Gewürzöle, sie hatten jedoch einen bitteren Geschmack. Dies spricht von dem Leiden Christi (Mt 2,11; Joh 12,3; 19,39). Wir hören manchmal von Christen, die tiefe Erprobungen durchmachen, dass gerade *sie* den Wohlgeruch Christi verbreiten (vgl. 2Kor 2,14–16).

Die Aloebäume waren vom HERRN selbst gepflanzt; das ist auch ein bedeutungsvoller Gesichtspunkt. Das Volk war eine „Pflanzung des HERRN, zu seiner Verherrlichung" (Jes 61,3). Wir sind als Christen ebenfalls das Werk Gottes, in Christus Jesus geschaffen, um gute Werke zu tun, die Gott zuvor bereitet hat, damit wir in ihnen wandeln sollen (Eph 2,10).

Das *vierte* und letzte Kennzeichen der Beschreibung, die Bileam gab, war wie folgt: „wie Zedern am Gewässer". Der Zedernbaum ist stattlich und hoch. Der Gerechte wird wie eine Zeder auf dem Libanon emporwachsen. Gepflanzt im Haus des HERRN, wächst er in den Vorhöfen seines Gottes (Ps 92,13–15). Beim Tempelbau verwendete Salomo viele Zedern des Libanon. Es waren geeignete Bäume für das prächtige Haus Gottes, das er baute.

Das spricht von der *Würde*, die Gott uns als seinen Kindern gegeben hat. Wir dürfen in seiner Gegenwart wachsen und blühen. Wir werden durch das Lebenswasser erquickt und erfrischt. Der Heilige Geist macht uns unsere erhabenen Vorrechte bewusst, die wir als *Söhne* Gottes besitzen. Gott hat den Geist seines Sohnes in unsere Herzen gesandt, der da ruft: „Abba, Vater" (Gal 4,6.7). Für diese Gnade dürfen wir ewig dankbar sein.

Nach diesen vier Vergleichen wird der Überfluss an Wasser noch in Verbindung mit der *Zukunft* Israels gebracht. Das Wasser war in der Tat das Geheimnis des Segens für das Volk, der Fruchtbarkeit und der Vermehrung: „Wasser wird fließen aus seinen Eimern, und seine Saat wird in großen Wassern sein" (4Mo 24,7a). Die Macht des Volkes würde daher auch zunehmen, und Israel würde sich über Amalek, seinen Erzfeind in der Wüste, und über Agag, den König dieses Wüstenvolkes, erheben (4Mo 24,7b; vgl. 24,20; 5Mo 25,17-19; 1Sam 15).

Gottes Kraft machte Israel unbesiegbar. Dadurch triumphierte es über seine Feinde und zerschmetterte sie. Wie ein Löwe verschlang es seine Beute und legte sich wieder nieder (4Mo 24,8.9a). Wer würde es noch aufreizen? Ähnliche Ausdrücke finden wir auch im zweiten Segensspruch Bileams und ebenfalls in dem Segen Jakobs für Juda (1Mo 49,9).

Die letzten Worte Bileams lauteten wie folgt: „Die dich segnen, sind gesegnet, und die dich verfluchen, sind verflucht!" (4Mo 24,9b). Diese Worte erinnern an frühere Verheißungen, die Gott den Erzvätern Abraham, Isaak und Jakob gegeben hatte (1Mo 12,3; 27,29). Auch diese Verheißungen werden schließlich in Christus, dem Messias Israels, erfüllt werden.

Balaks Reaktion auf diesen dritten Spruch war wohl zu erwarten. Er entbrannte in Wut und wollte Bileam ohne Belohnung zu seinem Wohnort wegsenden. Doch der „Prophet" hatte noch nicht alles gesagt, wie wir im folgenden Kapitel sehen werden. Wir wollen uns inzwischen die Belehrungen dieses Abschnitts zu Herzen nehmen und uns die Vision des Allmächtigen immer vor Augen halten.

4. Ein Stern tritt hervor aus Jakob

4. Mose 24,15–24

Ein Blick in die Zukunft

Der vorige Spruch Bileams hatte zu harten Worten seitens Balaks geführt, der sich enorm von seinem „Bundesgenossen" im Stich gelassen fühlte. Er hatte zu Bileam gesagt: „Meine Feinde zu verwünschen habe ich dich gerufen, und siehe, du hast sie sogar gesegnet, nun dreimal! Und nun flieh an deinen Ort" (4Mo 24,10.11). Die Initiative Balaks war jämmerlich missglückt, sein Komplott gegen das Volk Gottes war ein Fehlschlag. Bileam hingegen hatte sich jedes Mal auf die Tatsache berufen, dass er den Befehl des Herrn nicht übertreten könnte: „... aber nur das, was ich dir sagen werde, sollst du tun" (4Mo 22,20.35.38; 23,3.12.26; 24,13).

Bileam hatte das Volk Israel nun dreimal gesegnet. Gott ließ einfach nicht zu, dass es verflucht wurde, und der Prophet konnte seinem Befehl nicht widerstehen (4Mo 23,20). Der erste Ausspruch Gottes legte Nachdruck auf die Tatsache, dass das Volk Israel für Gott abgesondert war: Es war eine *heilige* Nation. Der zweite Spruch zeigte, dass es auch ein *gerechtfertigtes* Volk war, und der dritte, dass es *geordnet* und *wohl zusammengefügt* war.

Nach all diesen Segenssprüchen war die Geduld Balaks erschöpft, und der Augenblick des Abschieds war gekommen. Sie gingen sicher nicht als Freunde auseinander. Bileam ließ sich jedoch nicht so einfach zu seinem Wohnort wegschicken. Der Geist Gottes ruhte noch auf ihm, und er gab eine Zugabe zu den Segnungen, die er bereits ausgesprochen hatte: „Und nun siehe, ich gehe zu meinem Volk. Komm, ich will dir kundtun, was dieses Volk deinem Volk tun wird am Ende der Tage“ (4Mo 24,14).

Bileam warf einen Blick in die Zukunft Israels und Moabs, und seine Prophezeiung reicht sehr weit. Er sprach über das, was Israel Moab „am Ende der Tage“ tun würde. Das ist ein Ausdruck, der öfter im Alten Testament vorkommt, u. a. in den Segenssprüchen Jakobs. Der Charakter des Segens Jakobs war ebenfalls weitreichend, und die Verheißungen bezüglich des kommenden Friedensreiches sind noch immer nicht in Erfüllung gegangen (vgl. 1Mo 49,1).

In diesem vierten Spruch prophezeite Bileam also über die Zukunft der Israeliten und ihrer Feinde. Diese Prophezeiung war nicht geplant, sie war eine Ergänzung der vorangehenden Aussprüche Gottes. Obwohl inzwischen Tausende von Jahren verstrichen sind, lässt die endgültige Erfüllung noch immer auf sich warten. Es ist berechtigt, dass wir als Christen ein Interesse an den prophetischen Belehrungen der Schrift haben. Das bildet auch den Hintergrund der Ereignisse, die Bileam beschreibt.

Doch die prophetischen Ereignisse der letzten Tage werden nicht vor dem Kommen des Herrn für die Gemeinde stattfinden. Nichts steht seinem Kommen für seine Brautgemeinde im Weg. Wir dürfen *Ihn* erwarten, und Er wird uns in das Vaterhaus mit den vielen Wohnungen einführen. Im Gleichnis von den zehn Jungfrauen fällt alle Aufmerksamkeit auf den *Bräutigam*, nicht auf die Braut. Die Person des Herrn selbst muss für unser Herz kostbar sein. Siehe, der Bräutigam! (vgl. Mt 25,6). So dürfen wir Ihn erwarten. Wir lieben Ihn, weil Er uns zuerst geliebt hat.

Die letzten Tage, um die es in diesem Spruch geht, sind eine Zeit der Drangsal für Jakob (Jer 30,7). Das sind die Tage der großen Drangsal, die Tage, die der Erscheinung des Herrn vorausgehen (Mt 24,21; Offb 7,14). Alle Menschen auf der Erde werden damit zu tun bekommen, doch Israel wird es am schwersten zu spüren bekommen. Der Prophet Daniel spricht ebenfalls darüber: „... und es wird eine Zeit der Drangsal sein, wie sie nicht gewesen ist, seitdem eine Nation besteht bis zu jener Zeit. Und in jener Zeit wird dein Volk errettet werden, jeder, der im Buch geschrieben gefunden wird" (Dan 12,1).

Die Gottesfürchtigen werden erlöst werden, und so wird ganz Israel bei der Wiederkunft des Erlösers errettet werden, und „er wird die Gottlosigkeiten von Jakob abwenden" (Röm 11,26). Und sie werden Ihn anschauen, „den sie durchbohrt haben" (Sach 12,10).

Die Erkenntnis des Höchsten

So wie beim dritten Spruch nennt Bileam hier einleitend zu seiner Prophezeiung wieder ausführlich seine Vorrechte als Prophet (4Mo 24,15.16; vgl. 24,3.4). Die Verse in diesen Kapiteln sind beinahe identisch, nur wird hier noch ein besonderer Hinweis gebraucht: „... und der die Erkenntnis des Höchsten besitzt" (24,16a). Bileam empfing Information aus erster Hand! Diese Ergänzung enthält einen Namen Gottes, dem wir in dieser Geschichte früher noch nicht begegnet sind, nämlich *Gott der Höchste* (Hebr. El Elion).

Dieser Name kommt öfter im Alten Testament vor, zum ersten Mal in 1. Mose 14. Gott, der Höchste, ist der Schöpfer (und Regent) des Himmels und der Erde (1Mo 14,18.19.20.22). Auch hier gibt es einen Zusammenhang mit der Endzeit, denn Abrams Begegnung mit Melchisedek, dem König von Salem, hat eine tiefe prophetische Bedeutung. Melchisedek, der König der Gerechtigkeit und der König des Friedens, ist ein Bild von Christus als dem wahren Priester-König. Bei seiner Wiederkunft wird Er dem Überrest seines irdischen Volkes als Priester des höchsten Gottes segnend entgegengehen (vgl. Ps 110,4; Heb 7). Dann wird für Israel und die Völker, ja, für die ganze Schöpfung das Friedensreich anbrechen.

Es gibt heutzutage viele Machthaber, die so tun, als seien sie die Herren und Meister der Schöpfung. Gott, der Höchste, wird kaum noch anerkannt in der Welt, die seine Hände gemacht haben. Das wird nicht immer so bleiben! Wir haben bereits über die große Drangsal und ihre Plagen nachgedacht, die sehr viel Leid über die Erde bringen werden. Wenn diese Zeit vorbei ist, wird das Königreich des Sohnes des Menschen anbrechen. Er wird in Gerechtigkeit regieren, und das Ergebnis wird Friede sein.

Christus wird die Dinge in Ordnung bringen und im Namen Gottes, des Vaters, regieren, der alles seinen Füßen unterworfen hat (Ps 8,7; 1Kor 15,27). Der König wird sein triumphierendes Volk segnen, so wie Melchisedek das bei Abram und den Seinen tat. Der Gebrauch dieses Namens Gottes in 1. Mose 14 wirft also auch Licht auf die Bedeutung der Prophezeiung Bileams.

Jedes Auge wird Ihn sehen

Wir kommen jetzt zu einem wichtigen Vers: „Ich sehe ihn, aber nicht jetzt; ich schaue ihn, aber nicht nahe" (4Mo 24,17a). Die Person, die hier unsere besondere Aufmerksamkeit verdient, wird nachfolgend näher als der „Stern aus Jakob" und das „Zepter aus Israel" bezeichnet. Das ist ein Hinweis auf das Kommen des Messias!

Bileam hatte eigentlich keine Hoffnung. Er hatte nur für sich selbst gelebt, und als Beschwörer hatte er seine Seele dem Teufel verkauft. Aber er war sich wohl bewusst - wenn auch vage –, dass er Ihn einmal sehen würde. Und das gilt für jeden Menschen, wie der Anfang des Buches der Offenbarung zeigt: „Siehe, er kommt mit den Wolken, und jedes Auge wird Ihn sehen" (Offb 1,7). Das ist der Herr Jesus, den jeder sehen wird. Auch die Ungläubigen werden Ihn sehen, doch sie werden Ihm als ihrem *Richter* begegnen.

Es gibt glücklicherweise Glaubenshelden in der Schrift, die eine bessere Hoffnung hatten als der Sohn Beors. Hiob ist dafür ein schönes Beispiel. Er wusste: „... mein Erlöser lebt, und als der Letzte wird er auf der Erde stehen". Hiob wusste auch, dass er einmal auferstehen und aus seinem Fleisch Gott anschauen würde: „... den ich selbst mir anschauen und den meine Augen sehen werden, und kein anderer: Meine Nieren verschmachten in meinem Inneren" (Hi 19,25–27).

Aus diesen Worten Hiobs spricht ein festes Vertrauen und eine frohe Hoffnung. Im Neuen Testament ist es der Apostel Johannes, der uns als Christen an derselben Sicherheit teilhaben lässt. In seinem ersten Brief schreibt er über das Kommen des Herrn und sagt dann: „... wir wissen, dass wir, wenn es offenbar werden wird, ihm gleich sein werden, denn wir werden ihn sehen, wie er ist" (1Joh 3,2). Wie steht es mit uns? Warten wir auf Ihn, oder haben wir wie Bileam in Wirklichkeit keine „glückselige Hoffnung"?

Der Stern und das Zepter

Wir wissen nicht genau, was Bileam von seinem eigenen Spruch verstanden hat, aber es war wohl etwas ganz Außergewöhnliches, was er prophezeite: „...ein Stern tritt hervor aus Jakob, und ein Zepter erhebt sich aus Israel" (4Mo 24,17b).

Der Stern und das Zepter sind Symbole für das Königtum. Der *Stern* ist für diejenigen, die wachen und auf den Anbruch des Tages warten. Das *Zepter* spricht von Autorität und Macht. Manche von uns können sich noch an die Krönung von Königin Elisabeth II. erinnern. Während der feierlichen Zeremonie hielt sie das Zepter in ihrer Rechten als Beweis ihrer königlichen Macht.

Wir finden diese beiden Symbole in verschiedenen Abschnitten in der Schrift. Manchmal liegt der Nachdruck nur auf dem Stern, wobei das Wort Zepter nicht gebraucht wird, doch es zeigt sich, dass im Hintergrund der Gedanke an Regierungsmacht durchaus vorhanden ist. Der Stern wird im Neuen Testament zum ersten Mal im Matthäusevangelium erwähnt. Magier vom Morgenland kamen nach Jerusalem und fragten: „Wo ist der König der Juden, der geboren worden ist? Denn wir haben seinen Stern im Morgenland gesehen und sind gekommen, um ihm zu huldigen" (Mt 2,2).

Der Stern wird direkt mit dem Königtum des Messias verbunden. Diese Weisen müssen *Wächter* gewesen sein! Der Stern, den sie am nächtlichen Himmel gesehen haben, hatte sie in Bewegung gesetzt. Sie kamen einige Zeit nach der Geburt des Herrn, denn sie mussten eine weite Reise machen. Doch nun waren sie in Jerusalem angekommen, um den König der Juden, der geboren worden war, anzubeten.

Woher wussten diese Weisen davon? Hatten sie von den Sprüchen Bileams gehört? Kannten sie die jüdischen Schriften? Das ist nicht ganz deutlich, doch anscheinend waren sie aufrichtig und suchten nach Wahrheit, suchten göttliches Licht. Der Stern, den sie im Osten wahrgenommen hatten, führte ihre Schritte auf jeden Fall zu der Stadt des großen Königs, und er ging ihnen auch voraus an den Ort, wo das Kind war. Sie brachten Ihm Geschenke dar und huldigten Ihm.

Diese Geschichte enthält auch eine praktische Belehrung für uns. Wenn wir aufrichtig nach Licht und Weisheit von oben verlangen, wird Gott uns führen und uns den Weg weisen. Wir haben darüber hinaus die ganze Schrift zu unserer Verfügung. Lasst uns in unseren Schwierigkeiten auf Gott vertrauen. Er bleibt treu!

Die nächste Stelle, wo wir das Bild des Sterns und des Zepters finden, ist das erste Kapitel des zweiten Petrusbriefes. Petrus erinnert seine Leser dort an die Verklärung auf dem Berg, die in der Tat ein Vorgeschmack von der Ankunft des Königreiches war. Der Apostel war dabei gewesen, und er war zutiefst unter den Eindruck der königlichen Würde des Herrn gekommen. Er schrieb, dass sie „Augenzeugen seiner herrlichen Größe geworden sind" (2Pet 1,16). Wie königlich klingen die Worte „herrliche Größe". Hier haben wir den Gedanken des Zepters, der Regierungsmacht.

Durch diese Erfahrung konnte Petrus die Prophezeiungen des Alten Testaments über die Ankunft des Königreiches Christi in einem anderen Licht sehen. Er war nun absolut sicher, dass all die Voraussagen in Erfüllung gehen würden. Und dann finden wir in diesem Abschnitt erneut den Stern! Die Verherrlichung auf dem Berg ist nämlich auch für uns eine deutliche Bestätigung der Wahrheit des prophetischen Wortes. Dieses scheint als eine Lampe an einem dunklen Ort, „... bis der Tag anbricht und der Morgenstern aufgeht in euren Herzen" (2Pet 1,19). Der Tag, der anbricht, ist der Tag des Königreiches. Der Morgenstern, der aufgeht, ist das Kommen Christi für seine Brautgemeinde (vgl. Offb 2,28; 22,16.17). Das Aufgehen des Morgensterns ist die Garantie dafür, dass der Tag des Friedensreiches bevorsteht. Das ist die Hoffnung der Christen.

Die dritte Schriftstelle, die wir in diesem Zusammenhang nennen wollen, ist im letzten Bibelbuch zu finden. Johannes schreibt am Ende der Offenbarung: „Ich, Jesus, ... Ich bin die Wurzel und das Geschlecht Davids, der glänzende Morgenstern" (Offb 22,16). Im ersten Teil dieses Zitates stellt der Herr Jesus sich als der verheißene König aus dem Geschlecht Davids vor. Er hat Recht auf den Thron und auf das Zepter! Er wird in Gerechtigkeit regieren. Weiterhin sagt Er, dass Er der glänzende Morgenstern ist, und das steht in Verbindung mit unserer unmittelbaren Erwartung als Christen. Obwohl es in dieser Welt noch Nacht ist, warten wir als „Wächter" auf sein Kommen als der Morgenstern, das jeden Augenblick stattfinden kann. Er versichert uns dreimal: „Siehe, ich komme bald" (Offb 22,7.12.20).

Die Ereignisse in der Endzeit

Neben diesem wichtigen prophetischen Gesichtspunkt müssen wir auch auf die historische (Vor-)Erfüllung der Worte Bileams hinweisen. Israel bekam bereits in den Tagen Sauls und Davids die Vorrangstellung. Moab wurde machtvoll dem „Zepter" unterworfen, das sich aus Israel erhob. Die Moabiter wurden letztendlich tributpflichtige Untertanen Davids (1Sam 14,47; 2Sam 8,2).

Bileam nennt *Moab* hier als ersten Feind, der Israel unterworfen werden würde: „... und ein Zepter erhebt sich aus Israel und zerschlägt die Seiten Moabs und zerschmettert alle Söhne des Getümmels" (4Mo 24,17b). Das Wort „Seiten" weist vielleicht auf die Grenzen des Gebietes Moabs hin. Die „Söhne des Getümmels" ist ein synonymer Ausdruck, es geht nicht um einen anderen Volksstamm. Manche denken an die Bedeutung „hochmütig". Der Prophet Jeremia nennt die Moabiter ebenfalls „Söhne des Getümmels" (Jer 48,45).

Dann folgt *Edom,* das ebenso wie andere umliegende Nationen dem Herrscher aus Jakob unterworfen wird (4Mo 24,18.19; vgl. 2Sam 8,13.14). Edom oder Seir (d. i. das Gebirge Edoms) würde ein erobertes Gebiet sein, ein „Besitz" für seine Feinde, nämlich für die Israeliten. Doch Israel wird

Mächtiges tun, und einer aus Jakob würde herrschen, und er würde die übrigen aus den Städten Edoms vertilgen.

In der Endzeit werden Moab und Edom erneut verschworene Feinde der Israeliten sein (vgl. Ps 83,2-9), aber dann endgültig unterliegen. Es gibt jedoch einen wichtigen Unterschied zwischen diesen beiden Völkern. Der HERR wird das Los Moabs am Ende der Tage wenden (Jer 48,47), während Edom/Esau für immer ausgerottet wird (Obad 10). Offensichtlich wird es von Israel annektiert. Die Prophezeiung Bileams, dass Edom ein erobertes Gebiet sein wird, wird dann völlig Wirklichkeit werden.

Danach hob Bileam seinen Spruch in Bezug auf die *Amalekiter* und die *Keniter* an, zwei Wüstenvölker, mit denen Israel auf der Reise ins verheißene Land zu tun bekam. Amalek war der erste Feind, der das Volk in der Wüste bedrohte (2Mo 17,8-16). Amalek wird hier die „erste der Nationen" genannt. Er war ein außergewöhnlicher Gegner, der Israel unerwartet angriff.

Die Schrift beschreibt Amalek als den Prototyp der Feinde Israels. Doch ist seine Macht beschränkt: „... aber sein Ende ist zum Untergang" (4Mo 24,20). Der HERR würde die Erinnerung an Amalek unter dem Himmel ganz und gar auslöschen (2Mo 17,14; vgl. 5Mo 25,17-19; 1Sam 15,2-9; 30,1-25; 2Sam 8,12; 1Chr 4,43). Im Bündnis der Feinde Israels in der Endzeit wird Amalek erneut eine Rolle spielen (Ps 83,8).

Von den Kenitern sagte Bileam: „Fest ist dein Wohnsitz, und auf den Felsen gesetzt dein Nest; doch der Keniter soll vertilgt werden" (4Mo 24,21.22a). Die Keniter waren ein kanaanäisches Volk (1Mo 15,19). Sie wohnten im Bergland südlich des Toten Meeres und waren mit den Amalekitern und den Midianitern verwandt. Im Gegensatz zu den Amalekitern unterhielten sie allerdings gute Beziehungen mit Israel und Juda (Ri 1,16; 4,11; 1Sam 15,6; 30,29).

Ungeachtet der Festung der Keniter[1] im Gebirge, ihrem „Nest“ auf dem Felsen, würde ihr Wohnort jedoch mit Feuer verbrannt werden. Im Hebräischen gibt es eine gewisse Klangübereinstimmung zwischen den Wörtern „Keniter“, „Nest“ und „Kain“. Es würde nicht mehr lange dauern (der Seher sieht viele Jahrhunderte in die Zukunft), dann würde Assur kommen und sie gefangen wegführen (4Mo 24,22b), wie das übrigens auch mit den zehn Stämmen Israels und mit anderen Völkern in dieser Gegend geschehen ist.

Das Auftreten von *Assur* bedeutete noch nicht das Ende der Weltgeschichte, aber er war wohl ein entsprechender Vorbote. Der letzte Spruch Bileams bestätigt das: „Und er hob seinen Spruch an und sprach: *Wehe!* Wer wird am Leben bleiben, sobald Gott dies herbeiführt?“ (4Mo 24,23). Diese Klage des Propheten lässt uns an die *Wehen* der großen Drangsal denken (Mt 24,15–28). Auch dann werden die Menschen gewarnt werden: „Wehe, wehe, wehe denen, die auf der Erde wohnen“ (Offb 8,13). Das Gericht steht fest, aber glücklicherweise werden die Auserwählten entkommen (vgl. Mt 24,22). Nach dieser furchtbaren Zeit wird Christus erscheinen und sein Königreich errichten.

Mit dieser herrlichen Aussicht endet die Prophezeiung Bileams jedoch nicht. Er nennt noch einen letzten Feind, der vernichtet werden würde: „Und Schiffe werden kommen von der Küste von Kittim [d. i. Zypern] und werden Assur demütigen und Heber demütigen, und auch er kommt zum Untergang“ (4Mo 24,24). Assur würde zwar seinen Stempel auf die Weltgeschichte drücken, aber nicht das letzte Wort haben. Assur würde seinerseits durch eine seefahrende Nation unterdrückt werden, hier näher umschrieben als *Kittäer* (hebr. *kittim*) die bereits in der Völkerliste von 1. Mose 10 genannt werden (vgl. auch Hes 27,6).

[1] Keniter kann auch übersetzt werden mit „Kain“ (vgl. Ri 4,11). Kain war ihr Stammvater. Es geht nicht um den Kain im 1. Buch Mose.

Es ist bemerkenswert, dass im Buch Daniel ebenfalls die Rede von Schiffen aus *Kittim* ist: die Kittäer sind die Bewohner der Küstenländer jenseits des Mittelmeeres (erst die Mazedonier und später die Römer). Assur war der Vorläufer und der Repräsentant des Königs des Nordens, über den der Prophet Daniel ebenfalls spricht (Dan 11). In der Endzeit wird eine Konfrontation zwischen dieser nördlichen Macht und den Kittäern stattfinden (Dan 11,30). Es ist die Zeit der großen Drangsal und des „Gräuels der Verwüstung", worüber Daniel uns Auskunft gibt. Das Römische Weltreich wird in der Endzeit erneut als das Reich des Tieres auf der Bühne erscheinen und ein Bündnis mit dem falschen Messias der Juden schließen. Wenn dieser vom König des Nordens bedroht wird, wird Rom ihm helfen, so dass der Feind abgeschreckt wird.

Heber kann eine allgemeine Bezeichnung für die Hebräer sein, die diesen Urenkel Sems als Vorfahren hatten (1Mo 10,21; 11,10ff.). Das Volk Gottes ist jahrhundertelang von den Griechen und Römern unterdrückt worden, aber die Macht des letzten Weltreiches wird schließlich auch gebrochen werden. Der Stein, der das Bild der Weltreiche umstürzen wird, wird dann zu einem großen Berg werden, der die ganze Erde füllt (Dan 2). Das Königreich des Sohnes des Menschen wird in Ewigkeit nicht zugrunde gehen.

Ausklang: Jakob und Israel

In allen Sprüchen Bileams wird das Volk Gottes, das Balak verfluchen lassen wollte, sowohl *Jakob* als auch *Israel* genannt. Der Anfang des ersten Spruches macht das schon direkt deutlich: „Komm, verfluche mir Jakob; ja, komm, verwünsche Israel!" (4Mo 23,7). Dieser Parallelismus kommt häufiger vor. Wie bekannt, war Jakob der Enkel Abrahams. Im Lauf der Zeit bekam das ganze Volk den Namen Jakob/Israel. Es besteht auch eine bemerkenswerte Übereinstimmung zwischen der Geschichte Jakobs selbst und der des Volkes.

All die Verheißungen, die Gott Abraham gegeben hatte, waren das rechtmäßige Teil Jakobs. Jakob hätte sich mancherlei Mühe ersparen können, wenn er geduldig auf Gottes Zeit gewartet hätte. Aber so war er nun einmal nicht. Er betrog seinen Vater Isaak, der nahezu blind war, um den Segen erben zu können, der seinem Bruder Esau als dem Älteren zustand. Danach musste er vor seinem Bruder flüchten, der ihn töten wollte; dann lebte er mehr als 20 Jahre als Verbannter im Haus Labans, des Bruders seiner Mutter. Laban war ebenso schlau wie Jakob. Er war ein harter Meister, und Jakob bekam wenig Lohn. Rahel war die jüngste Tochter Labans, und Jakob hatte sie lieb. Sie schlossen ein Abkommen: Jakob musste sieben Jahre für seine Braut arbeiten. Als diese Zeit vorbei war, betrog ihn sein Schwiegervater und gab ihm Lea zur Frau. Daraufhin musste er noch sieben Jahre für Rahel arbeiten!

So musste Jakob allerlei Probleme in seinem Leben bewältigen. Aber bei Pniel, wo er Gott begegnete, bekam er einen neuen Namen; in Bethel wurde das wiederholt (1Mo 32 und 35). Der neue Name war Israel, d. h. Kämpfer Gottes. So erfuhr er Gottes Zucht, aber auch Gottes Fürsorge. Am Ende seines Lebens konnte er die Tatsache bezeugen, dass Gott ihn als Hirte sein Leben lang geführt hatte (1Mo 48,15). Durch den Glauben hat er seine Nachkommen gesegnet und schließlich Gott angebetet, wobei er sich auf die Spitze seines Stabes stützte (Heb 11,21).

Bei Jakob sehen wir die Zucht Gottes im Leben eines Gläubigen. Vielleicht finden wir dieses Thema nicht so schön, doch das Wort „Züchtigung“ hat in Wirklichkeit mit der Erziehung von Kindern zu tun. Der Brief an die Hebräer spricht ebenfalls darüber: „Alle Züchtigung aber scheint für die Gegenwart nicht ein Gegenstand der Freude, sondern der Traurigkeit zu sein; danach aber gibt sie die friedsame Frucht der Gerechtigkeit denen, die durch sie geübt worden sind“ (Heb 12,11). In einem bestimmten Augenblick seines Leben war Jakob so betrübt, dass er ausrief: „Dies alles kommt über mich [o. ist gegen mich]“ (1Mo 42,36). Vielleicht kennst du dieses Gefühl auch aus deinem eigenen Leben. Doch als Gläubige können wir so etwas eigentlich nicht sagen, weil wir wissen, dass Gott für uns ist und dass Er alle Dinge denen zum Guten mitwirken lässt, die Ihn lieben (Röm 8,28).

So gibt es verschiedene Übereinstimmungen zwischen dem Leben Jakobs und der Existenz des Volkes Israel. Denk beispielsweise an die Zeit der Gefangenschaft, das Leben als Fremde außerhalb des verheißenen Landes (für Juda nach der Wegführung nach Babel im Jahr 588 v. Chr. und erneut nach der Verwüstung Jerusalems im Jahr 70 n. Chr.). Nach vielen Jahrhunderten hat sich das tatsächlich geändert. Wie wir wissen, ist im Jahre 1948 der Staat Israel gegründet worden, doch die Situation ist noch immer nicht stabil. Beim Kommen des Herrn wird sich das ändern und die Gefangenschaft endgültig vorbei sein. Mögen die Segenssprüche Bileams auch in dieser Hinsicht eine Ermutigung für uns in dieser Zeit sein.

Anhang: Bileam in der Bibel

Zitate aus dem Alten Testament

4. Mose 22–24

Siehe den vollständigen Text dieser Kapitel.

4. Mose 31,8.15.16

„Und sie töteten die Könige von Midian, samt ihren Erschlagenen: Ewi und Rekem und Zur und Hur und Reba, fünf Könige von Midian; und auch Bileam, den Sohn Beors, töteten sie mit dem Schwert ... und Mose sprach zu ihnen: Habt ihr alle Frauen am Leben gelassen? Siehe, sie sind ja auf den **Rat Bileams** den Kindern Israel ein Anlass geworden, in der Sache des Peor gegen den HERRN Untreue zu begehen, so dass die Plage über die Gemeinde des HERRN kam."

5. Mose 23,4–6

„Kein Ammoniter oder Moabiter soll in die Versammlung des HERRN kommen; auch das zehnte Geschlecht von ihnen soll nicht in die Versammlung des HERRN kommen in Ewigkeit: Deshalb, weil sie euch nicht mit Brot und mit Wasser entgegengekommen sind auf dem Weg, als ihr aus Ägypten zogt; und weil sie Bileam, den Sohn Beors, aus Pethor in Mesopotamien, gegen dich gedungen haben, **dich zu ver-**

fluchen. Aber der HERR, dein Gott, wollte nicht auf Bileam hören, und der HERR, dein Gott, verwandelte dir den Fluch in **Segen**; denn der HERR, dein Gott, hatte dich lieb."

Josua 13,22; 24,9.10

„Und Bileam, den Sohn Beors, **den Wahrsager**, töteten die Kinder Israel mit dem Schwert, samt ihren Erschlagenen ... Da stand Balak auf, der Sohn Zippors, der König von Moab, und kämpfte gegen Israel; und er sandte hin und ließ Bileam, den Sohn Beors, rufen, um euch zu verfluchen. Aber ich wollte nicht auf Bileam hören, und er segnete euch vielmehr; und ich errettete euch aus seiner Hand."

Nehemia 13,1.2

An diesem Tag wurde im Buch Moses vor den Ohren des Volkes gelesen; und man fand darin geschrieben, dass kein Ammoniter und Moabiter in die Versammlung Gottes kommen sollte in Ewigkeit; weil sie den Kindern Israel nicht mit Brot und mit Wasser entgegengekommen waren und Bileam gegen sie gedungen hatten, um sie zu verfluchen; **aber unser Gott verwandelte den Fluch in Segen**."

Micha 6,5

„Mein Volk, **erinnere dich doch daran**, was Balak, der König von Moab, beratschlagt, und was Bileam, der Sohn Beors, ihm geantwortet hat, daran, was von Sittim bis Gilgal geschehen ist; damit du die gerechten Taten des HERRN erkennst."

Zitate aus dem Neuen Testament

2. Petrus 2,15.16

„... da sie den geraden Weg verlassen haben, abgeirrt sind, indem sie **dem Weg Bileams** nachfolgten, des Sohnes Bosors, der den Lohn der Ungerechtigkeit liebte, aber eine Zurechtweisung seiner eigenen Verkehrtheit empfing: Ein sprachloses Lasttier, das mit Menschenstimme redete, wehrte **der Torheit des Propheten**."

Judas 11

„Wehe ihnen! Denn sie sind den Weg Kains gegangen und haben sich für Lohn **dem Irrtum Bileams** hingegeben, und in dem Widerspruch Korahs sind sie umgekommen."

Offenbarung 2,14

„Aber ich habe ein weniges gegen dich, dass du solche dort hast, die **die Lehre Bileams** festhalten, der den Balak lehrte, einen Fallstrick vor die Söhne Israels zu legen, Götzenopfer zu essen und Hurerei zu treiben."

304.529
Hugo Bouter
Die letzten Worte Jakobs
112 S., Pb.
€ 7,95

Die letzten Worte Jakobs bilden ein eindrucksvolles Dokument aus der Entstehungszeit des Volkes Israel. Der Erzvater Jakob pro-phezeite auf seinem Sterbebett Dinge, die den Nachkommen seiner Söhne begegnen würden. Diese prophetische Vision beschreibt die Zukunft der Stämme im verheißenen Land. Sie würden dort als Gottes Weinstock gepflanzt werden, um Frucht für Ihn hervorzubringen. Leider haben sie dem nicht entsprochen (Jesaja 5; Psalm 80) und mussten deshalb später aus dem Land entfernt werden; Israel und Juda sind in die Gefangenschaft gezogen.
Dennoch bleibt eine Sabbatruhe für das Volk Gottes übrig. Die Segenssprüche Jakobs haben eine große Reichweite und sprechen sogar über die letzten Tage, in denen Gott das Los seines Volkes wenden wird. Im Friedensreich wird Israel das Zentrum des Segens für die ganze Erde sein. Als Christen lernen wir eine ganze Menge Lektionen aus den Segnugen Jakobs, nicht zuletzt, was das Fruchtbringen betrifft. Alle diese Dinge sind ja auch zu unserer Belehrung geschrieben (Römer 15,4).

ISBN 978-3-935955-29-4

304.561
Hugo Bouter
Die drei Prinzipien einer Erweckung
24 S., geheftet
€ 1,90

In dieser Broschüre werden die biblischen Prinzipien untersucht, die einer Erweckung, einer Belebung zugrunde liegen. Dies geschieht anhand von Epheser 5,14, wo wir zwei Aufforderungen und eine Verheißung finden:

1. Wache auf, der du schläfst – das ist das geistliche Erwachen aus dem „Todesschlaf" der Sünde.
2. Stehe auf aus den Toten – das ist der Beginn eines neuen Lebens, eines „Lebens aus dem Tod".
3. Der Christus wird dir leuchten – das ist ein neuer Lebenswandel, ein „Wandel im Licht".

Diese Prinzipien bilden drei biblische Prüfsteine oder Tests, anhand derer man beurteilen kann, ob neue Bewegungen und Dienste das Werk des Geistes Gottes sind oder ob es um äußeren Schein und Nachahmung geht.

ISBN 978-3-935955-61-4

Bisher im Daniel-Verlag erschienen:

304.501	Kuhley, *Hat Gott vergessen gnädig zu sein?*	€ 2,00
304.502	Grant, *Der Prophet Sacharja*	€ 8,00
304.503	Vedder, *Geht auch ihr in den Weinberg*	€ 2,95
304.504	de Koning, *Wenn Eltern leiden*	€ 2,95
304.505	Steinmeister, *Abraham und Lot*	€ 3,95
304.506	Moyer, *Die ersten 31 Tage im Leben eines Christen*	€ 3,95
304.507	Peters, *Lasst uns anbeten*	€ 2,90
304.511	de Koning, *Der Brief an die Römer*	€ 8,00
304.512	de Koning, *Der 1. Brief an die Korinther*	€ 9,50
304.513	de Koning, *Der 2. Brief an die Korinther*	€ 8,90
304.514	de Koning, *Der Brief an die Galater*	€ 6,50
304.515	de Koning, *Der Brief an die Epheser*	€ 8,95
304.520	de Koning, *Engel – es gibt sie (wieder)*	€ 3,00
304.521	Bouter, *Im Paradies*	€ 2,95
304.522	Mücher, *24 Lebensregeln*	€ 3,50
304.523	Peters, *Weltreligionen*	€ 2,90
304.524	Bruins, *In Sprachen reden?*	€ 7,90
304.525	Willis, *Verborgene Schätze im griech. NT*	€ 7,95
304.526	Hammer, *Das Leben mit Gott*	€ 9,95
304.527	Mücher, *Heute noch Gemeindezucht?*	€ 7,95
304.528	Willis, *Sei guten Mutes! (Hörbuch)*	€ 11,95
304.529	Bouter, *Die letzten Worte Jakobs*	€ 7,95
304.530	Klein, *Sucht nach Leben*	€ 0,70
304.531	B.V. Henry, *Henry Martyn – Alles für Christus verlassen*	€ 10,95
304.532	Mücher, *Tausend Jahre Frieden*	€ 11,95
304.533	Klein, *Sehnsucht nach Sinn*	€ 0,70
304.534	Steinmeister, *... ihr alle aber seid Brüder*	€ 14,90
304.535	Koll, *Der goldene Faden*	€ 8,95
304.536	Hammer, *Mosaiksteine der Herrlichkeit Gottes*	€ 5,95
304.537	Hübner, *Das Lager*	€ 13,95
304.538	Bell/Bouter, *Die dich segnen, sind gesegnet*	€ 7,95
304.539	Mücher, *Herrlichkeiten Jesu Christi*	€ 7,95
304.540	v. Stein, *CREATIO – Biblische Schöpfungslehre*	€ 19,95
304.541	v. Stein, *CREATIO, brasilianisch*	€ 24,95
304.550	Mücher, *Die Briefe des Paulus an die Thessalonicher*	€ 8,95
304.551	Mücher, *Du bist würdig*	€ 9,95